JEAN DE BLOCH

ÉVOLUTION DE LA GUERRE

ET DE LA PAIX

II

Les Victimes de la Guerre

Extrait de l'ouvrage en 6 volumes ayant pour titre :

LA GUERRE

Aux points de vue technique, économique et politique

PARIS

IMPRIMERIE PAUL DUPONT

4, RUE DU BOULOI, 4

1899

ÉVOLUTION DE LA GUERRE ET DE LA PAIX

JEAN DE BLOCH

LA GUERRE

ET DE LA PAIX

II

Les Victimes de la Guerre

Extrait de l'ouvrage en 6 volumes ayant pour titre :

LA GUERRE

Aux points de vue technique, économique et politique

PARIS

IMPRIMERIE PAUL DUPONT

4, RUE DU BOULOI, 4

1899

ÉVOLUTION DE LA GUERRE
ET DE LA PAIX

JEAN DE BLOCH

ÉVOLUTION DE LA GUERRE

ET DE LA PAIX

II

Les Victimes de la Guerre

Extrait de l'ouvrage en 6 volumes ayant pour titre :

LA GUERRE

Aux points de vue technique, économique et politique

PARIS

IMPRIMERIE PAUL DUPONT

4, RUE DU BOULOI, 4

1899

INTRODUCTION

Au nombre des questions formulées dans la circulaire du comte Mouravief, et concernant la réduction des armements, se trouvent les suivantes : 1° l'adaptation de la Convention de Genève de 1864 à la guerre navale en vertu des règlements complémentaires de 1868 ; et 2° l'étude de la déclaration de Berne de 1874 concernant les lois et les usages de guerre non encore ratifiés.

En discutant ces questions, on remarquera que les qualités des armes à feu et les conditions tactiques du combat se sont énormément modifiées, non seulement depuis 1864, mais également depuis 1874. Il est donc certain que ces changements augmenteront dans une très grande mesure le nombre des victimes de la guerre.

Toutes les puissances ayant adopté le système inauguré par la Prusse et qui consiste à appeler sous les drapeaux tous les hommes valides jusqu'à l'âge de 45 ans, les effectifs de guerre se trouvent aujourd'hui portés à des chiffres immenses.

Cette nouvelle organisation aura, entre autres, pour résultat d'augmenter le nombre des malades dans les armées.

Il résulte de ces faits que les paragraphes de la Convention de Genève et de la déclaration de Berne doivent être l'objet d'une revision radicale.

Voilà pourquoi nous avons jugé nécessaire d'indiquer dans une brochure succincte les difficultés en présence desquelles se trouvera, pendant la guerre future, le service sanitaire, et de souligner la nécessité de réorganiser ce service sur des bases nouvelles conformes aux exigences des conditions actuelles de combat.

Jean de BLOCH.

ÉVOLUTION DE LA GUERRE
ET DE LA PAIX

Nous allons nous efforcer de donner à nos lecteurs quelques indications qui leur permettront de se rendre compte des phénomènes nouveaux appelés à modifier le sort des victimes dans la guerre future, en augmentant dans des proportions considérables leur nombre et l'intensité de leurs souffrances.

Il n'est pas douteux que la question des pertes soit de première importance dans l'appréciation des préparatifs militaires, d'envergure toujours croissante, qui se font aujourd'hui.

L'accroissement futur de ces pertes, comparativement avec le passé, peut provenir tout à la fois : des progrès de la technique, et des maladies occasionnées par la difficulté de nourrir et d'abriter les millions de soldats des armées modernes, comme aussi de la tendance qu'auront ces soldats à éviter de combattre en simulant maladies et blessures, puis enfin de l'augmentation du nombre des déserteurs; vu l'absolue nécessité de combattre en ordre dispersé, et non comme dans le passé « coude à coude », sous l'œil et le contrôle des chefs.

Avant tout il faut observer que l'on ne peut déterminer les pertes dont il s'agit en se basant sur celles qu'ont entraînées les luttes antérieures, attendu qu'avant les dernières guerres, il n'existait pas de statistiques : on n'avait comme base d'évaluation que les appréciations des chefs.

Ensuite la manière de calculer les pertes a une influence immense sur le jugement. Prenons comme exemple les pertes de l'armée allemande en 1870.

Pendant cette guerre, les forces en présence étaient inégales : 2,100,000 Allemands contre 336,000 Français, dont seulement 180,000 ont pu combattre, vu la désorganisation de l'armée. La guerre fut considérée comme entreprise « par la présomption d'une seule personne ».

Les pertes des Allemands pendant cette guerre atteignirent, d'après leurs indications, 127,897 hommes. En comparant ce chiffre à l'effectif total des forces mises sur pied, on n'obtient qu'un pour-cent assez faible. Mais cette façon de calculer amène à des résultats absolument défectueux.

Pertes causées par la désorganisation des troupes. Par suite de la désorganisation des troupes françaises, sur leurs 336,000 hommes d'effectif, 180,000 seulement opérèrent, et, en un mois et demi, mirent hors de combat 87,730 Allemands; et cela principalement à coups de fusil, puisque l'artillerie française ne put presque pas agir. Donc les pertes infligées ont été de près de 50 0/0. Imaginons donc ce qu'il en eût été si, au lieu de mitrailleuses et de canons médiocres, et même de fusils Chassepot, les Français eussent disposé des canons actuels et des fusils de petit calibre, et si les champs de bataille n'eussent pas été couverts de fumée.

Mais dans la guerre future les troupes en présence seront, comme nombre, organisation, armement et esprit, à peu près semblables. Les armes perfectionnées pourront donc produire leur effet tout entier.

Si l'on en juge seulement d'après les tirs d'expérience des derniers fusils et canons à tir rapide, le total des pertes subies dans la guerre de 1870 s'augmenterait : pour le feu de mousqueterie, dans la proportion de 5 à 13 fois, et après l'introduction des fusils automatiques de 40 fois; pour le feu d'artillerie dans celle de 30 fois (1).

Les pertes et les règles tactiques. Mais, comme le chiffre des pertes dépend aussi des règles tactiques qui peuvent, d'une part, les augmenter, et de l'autre neutraliser en

(1) Le professeur Hebler (Das kleinste Kaliber oder das zukünftige Infanteriegewehr) apprécie comme il suit l'effet des fusils :

Fusil modèle 1871.	100 0/0	Fusil des Etats-Unis.	1.000 0/0
Fusil français mod. 1886.	433 0/0	Fusil de 5 m/m.	1.337 0/0
Fusil allemand	474 0/0	Fusil automatique	4.000 0/0

partie la puissance croissánte des armes, nous avons examiné l'importance de ces nouvelles règles, et pesant de part et d'autre les effets des armes nouvelles et des nouvelles règles tactiques, nous sommes arrivé à conclure que la balance penche du côté d'un accroissement notable des pertes occasionnées par les combats, et qu'en général dans la guerre future celles-ci seront forcément beaucoup plus désastreuses qu'autrefois.

Tenant compte, en outre, de ce que, selon les spécialistes, les divers combats, aussi bien que les campagnes entières, se prolongeront davantage, — à moins toutefois que l'énormité même des pertes n'oblige à les interrompre, les troupes se refusant à combattre, — nous avons évalué numériquement de combien le nombre des victimes de la guerre future devra, sous l'influence réunie des différentes causes, dépasser le chiffre qu'il atteignit dans les guerres précédentes.

Rappelons brièvement ici l'importance de ces nouvelles règles tactiques.

Par suite du peu de fumée de la poudre, qui ne permet pas de juger dans quelle direction se trouve l'ennemi, et grâce à la longue portée des canons, qui augmentent le danger des rencontres inattendues, les troupes sont obligées de s'entourer d'un réseau d'éclaireurs et d'étendre beaucoup les opérations de partisans pour couvrir leurs flancs et leurs derrières, de même que pour agir sur les communications de l'ennemi. Cette sorte de petite guerre peut amener un grand nombre d'affaires de peu d'importance dont l'ensemble se traduira par des pertes d'hommes considérables.

La poudre sans fumée.

Ce qui aura encore une énorme influence sur l'augmentation des pertes, c'est l'emploi, plus fréquent que jamais, qu'on fera des retranchements de campagne. Toutes les troupes sont pourvues actuellement d'outils de pionnier, et les spécialistes sont d'avis que la guerre future aura le caractère d'une lutte pour l'occupation de positions fortifiées. Au cours même de cette lutte s'élèveront, sur tous les points favorables, des ouvrages dont il ne sera pas facile de s'emparer brusquement et auxquels un siège prolongé peut faire atteindre des dimensions énormes — comme ce fut le cas à Plewna.

Emploi des retranchements de campagne.

L'exécution, dans certains cas, du tir par-dessus ses propres troupes, et l'explosion possible de caissons ou de dépôts de munitions contribueront aussi à faire des victimes.

Affaiblissement du commandement. — Les pertes en officiers et par là même l'affaiblissement du commandement dans les troupes semblent une conséquence directe de la poudre sans fumée et de la grande précision des nouvelles armes, qui permettra aux tireurs de choisir leurs victimes. Ainsi, dans deux batailles de la guerre du Chili, les officiers eurent 23 0/0 de tués et les soldats 13 0/0 seulement, de même qu'il y eut 75 0/0 de blessés parmi les officiers et 60 0/0 parmi les hommes de troupe. En outre, comme la majorité des soldats seront des réservistes (il y en aura, pour 100 hommes de l'armée active : — dans l'armée russe, 361, — dans l'armée allemande, 566, — dans l'armée française, 573), il est encore bien plus important qu'autrefois d'avoir des règles de combat élaborées rationnellement et nettement formulées. Pourtant jusqu'ici beaucoup de questions restent discutées et, par suite, on manque d'instructions et de règlements sur la conduite de l'attaque. On remarque aussi de fréquents changements dans les règles et l'introduction de prescriptions nouvelles, ce qui conduit à la confusion et au désordre. Et cependant, avec l'armement actuel, toute erreur tactique peut se payer bien plus cher qu'autrefois; il suffit de quelques minutes pour qu'un corps entier soit détruit par le feu.

Longue durée des engagements. — La longue durée des engagements ne peut manquer également d'influer sur l'accroissement des pertes. La plupart des auteurs pensent que les batailles pourront durer plusieurs jours; certains même vont jusqu'à prédire des durées de quinze jours. Avec les nouveaux avantages dont jouira la défense, elle pourra parfois tenir longtemps, même contre des forces supérieures, en attendant l'arrivée de renforts. D'où, souvent indécision dans les victoires et possibilité de résistance dans les échecs. Les armes perfectionnées ont rendu extrêmement difficile l'exécution d'une attaque générale et décisive.

Même s'il est contraint de battre en retraite, le défenseur s'efforcera de s'établir sur une ligne nouvelle; en même temps il manœuvrera de façon à obliger, par son feu, l'ennemi à se déployer, tantôt sur un point, tantôt sur un autre, et, par suite, à ralentir son mouvement en avant. Pour enlever la seconde ligne de défense ainsi préparée, il faudra un nouveau combat; ce qui, fatalement, augmentera les pertes et pourra, en outre, amener la fatigue ou même la démoralisation dans les troupes assaillantes, — d'où peut résulter, pour celles-ci, un accroissement du nombre des malades.

Le haut degré de nervosité de notre génération est admis par tous les savants. Cette nervosité devra s'exalter tout particulièrement dans les combats de nuit, envisagés par les écrivains militaires, comme donnant seuls la possibilité de s'approcher de l'ennemi sans être anéanti par son feu. L'épuisement des forces, comme conséquence d'une lutte prolongée, ainsi que du manque de logement et de la mauvaise nourriture, sera une règle générale dans la guerre future. Et quelques médecins ont été jusqu'à émettre l'hypothèse qu'il pourrait y avoir là, non seulement une cause d'accroissement des pertes, mais de quoi déterminer l'aliénation mentale complète de bien des chefs : circonstance qui peut avoir des résultats désastreux pour leurs camarades et leurs subordonnés.

Nervosité des troupes.

Afin de diminuer les pertes des assaillants d'un ouvrage fortifié, on propose : d'affaiblir le feu de mousqueterie de la défense au moyen d'un tir préparatoire d'artillerie; de faire avancer l'infanterie en ordre dispersé, les hommes utilisant tous les couverts naturels qu'offre le terrain et, en outre, après chaque bond en avant, ébauchant de légers abris en terre, pour s'embusquer derrière eux et tirer sur la ligne attaquée; enfin on profiterait des ténèbres de la nuit pour exécuter l'attaque décisive.

On pense encore que l'étendue même du champ de bataille, étendue imposée tant par l'effectif des troupes engagées que par la longue portée des armes, contribuerait à diminuer les pertes, en donnant la possibilité d'utiliser les couverts naturels, et l'éparpillement même des corps de troupe facilitant leur mouvement de retraite dans le cas où ces pertes seraient trop sensibles.

Tout cela peut avoir son importance, mais ne doit pas être pris dans un sens absolu. Ainsi le succès d'une préparation de l'attaque des positions par le canon suppose la supériorité de l'assaillant en artillerie; si, à ce point de vue, les deux partis sont d'égale force, les deux artilleries opposées ne pourront que se paralyser mutuellement. Ensuite, l'exécution de l'attaque, en s'avançant graduellement et en ordre dispersé, n'empêchera pas qu'avant de porter le coup décisif, pour s'emparer des positions, les lignes de tirailleurs ne doivent se resserrer, comme on l'a vu dans la guerre de 1870, où déjà l'attaque s'exécutait dans cette même formation. Enfin, au sujet de l'utilisation des couverts naturels, on peut observer que, sauf des cas exceptionnels, l'ennemi ne choisira pas, pour s'y fortifier et s'y défendre, un terrain qui puisse en offrir aux assaillants.

Ébauche d'abris légers. Quant à l'ébauche d'abris légers par ces derniers, il faut se souvenir que pareille opération devra se faire sous les feux de l'ennemi et coûtera des pertes; il n'est pas douteux que les hommes, ne pouvant parcourir tout d'une traite quelque deux kilomètres sous le feu de la défense, se coucheront de temps à autre, et accumuleront devant eux de petits tertres de terre, puis feront eux-mêmes le coup de feu contre la défense; mais au cours de chaque bond, de même qu'au moment de l'assaut final, ils n'en seront pas moins exposés entièrement à découvert au feu des adversaires.

La retraite, exécutée en ordre dispersé, ne peut diminuer les pertes que si la troupe qui se retire trouve moyen de s'abriter derrière un bâtiment, un bois, etc. Mais quelle probabilité y a-t-il que l'ennemi, sur la défensive, choisisse de pareils champs de bataille? Autrement, avec la grande portée des armes actuelles, la retraite ne réduira pas le nombre des victimes, mais désorganisera complètement la troupe qui l'aura exécutée, et qui se trouvera même perdue pour l'assaillant.

Enfin, avec les millions d'hommes des armées modernes, les combats de nuit ne peuvent avoir qu'une importance secondaire.

Conclusion. Ainsi donc, en pesant de part et d'autre les effets des armes nouvelles et des nouvelles règles tactiques, nous arrivons à conclure que la balance penche du côté d'un accroissement notable des pertes occasionnées par les combats, et qu'en général la guerre future entraînera forcément des pertes beaucoup plus grandes que celles d'autrefois; et nous avons tout le droit de dire, en effet, que les pertes, malgré tous les moyens préconisés, augmenteront : par l'accroissement de la puissance du choc, de la force de rotation, de la déformation des balles, de la précision du tir ; par l'emploi de nouveaux moyens d'observation et de mesure des distances ; par l'absence de fumée, d'encrassement, de ratés et de détérioration des cartouches par l'humidité ; et enfin par l'augmentation du nombre des cartouches. Nous arrivons à évaluer que le chiffre des pertes causées par le feu de mousqueterie, de 18 0/0 qu'il a été dans les guerres précédentes, s'élève probablement à 63 0/0, c'est-à-dire qu'il aurait presque quadruplé. Et cette hypothèse n'est pas exagérée, comme le montrent les résultats de deux combats livrés pendant la guerre du Chili, dans des conditions pourtant très défavorables aux nouvelles armes, puisqu'elles étaient maniées par des miliciens et non par des soldats réguliers, et que les hommes qui en étaient armés ne les avaient reçues que quinze jours avant la bataille.

Alors que les anciens fusils mettaient hors de combat 34 0/0, les nouveaux Mannlicher de petit calibre en ont mis 82 0/0, infligeant ainsi à l'ennemi une perte 2 fois 1/2 plus forte ; perte telle que la continuation des opérations est devenue impossible. En même temps, le pour cent des hommes tués sur le coup par les balles de petit calibre était de 29, tandis qu'avec les balles anciennes il était de 12 seulement : soit encore une proportion 2 fois 1/2 plus considérable.

Les nouveaux fusils.

Pour ce qui concerne l'artillerie, ses effets se sont tellement accrus par suite de la plus grande rapidité du tir, de l'augmentation de portée et du perfectionnement des projectiles, que le calcul des pertes causées en tenant compte du nombre de ces projectiles lancés dans un temps donné, de celui de leurs éclats et de la surface battue, conduit à un résultat manifestement absurde ; c'est-à-dire qu'on arrive à trouver comme mis hors de combat beaucoup plus d'hommes qu'il n'en pourrait entrer en ligne sur le théâtre de la lutte.

L'artillerie.

Ainsi, par exemple, la nouvelle artillerie française sera environ 233 fois plus puissante que celle employée contre les Allemands en 1870. On comprend que les pertes causées aux combattants par l'effet de ces canons s'accroîtront considérablement, quoique pas dans la même proportion, ce qui serait impossible, vu qu'étant en 1870 de 9 0/0, elles arriveraient à un chiffre qui serait 21 fois plus grand que tout le contingent des armées mises en présence. Passant des aperçus théoriques aux calculs faits par des autorités militaires compétentes, nous démontrons que les armées de la Double et de la Triple Alliance, d'après les calculs du général prussien Müller, ont dans leurs caissons de quoi tuer ou blesser, avec le canon, plus de onze millions d'hommes. Mais comme le général Langlois dit que dans les combats de l'avenir on ne tirera pas moins de 267 coups par pièce, et qu'il n'est pas improbable qu'on aille jusqu'à 500 coups, cela indique que les pertes pourront aller de 22 à 41 millions.

Par conséquent, rien qu'avec le tir de l'artillerie, on détruirait huit fois plus d'hommes qu'il n'en peut être amené sur les champs de bataille. Ces chiffres semblent invraisemblables. Pourtant ils ressortent directement des calculs d'écrivains militaires autorisés, comme le professeur français général Langlois, et le général d'artillerie prussien Müller.

Les armées modernes pourront-elles supporter des pertes pareilles, voilà une question grave et qui donne à réfléchir.

Nous citerons ici quelques mots prononcés par le prince de Bismarck alors qu'il était encore chancelier, c'est-à-dire quand les derniers perfectionnements des canons et de l'artillerie en général n'avaient pas encore été réalisés : « Dès le début de la lutte s'engageront peut-être à la fois trois ou quatre batailles sur différents points, où prendront part, de chaque côté, de 200,000 à 250,000 hommes. De sorte que, pour commencer les opérations, il faut en tout un million de soldats, et on n'en pourra pas mettre davantage en action, car ne sera-t-il pas nécessaire d'en garder pour les combats ultérieurs, bien que ceux-ci puissent ne pas avoir lieu. »

Le général Haeseler, commandant en chef des troupes en Alsace-Lorraine, disait récemment aux manœuvres : « Si les perfectionnements continuent, il ne nous restera pas après une bataille assez de survivants pour enterrer les morts. » Et n'oublions pas que les fusils automatiques doivent avoir une puissance dix fois plus grande que les fusils actuels de l'armée allemande.

Gravité des blessures produites par les nouvelles balles.

Mais nous avons encore un facteur qui augmente notamment les pertes : c'est la gravité des blessures que produisent les nouvelles balles.

Les relations des expéditions lointaines rapportent que les balles des fusils actuels produisent des effets terribles : « une bouillie de chairs humaines », dit l'historiographe de l'expédition de Dahomey.

Les blessures produites par les nouvelles balles à enveloppe seront incomparablement plus graves que celles occasionnées par les projectiles d'autrefois; en même temps, par suite des grandes distances d'où seront faites les blessures, comme en raison de l'intensité du feu et d sa terrible puissance, les blessés seront obligés de rester longtemps sur le champ de bataille et le nombre des morts sera beaucoup plus grand que par le passé.

Les balles à enveloppe produisent aux petites distances une action « explosive »; elles brisent les crânes en menus morceaux en faisant jaillir la masse cérébrale. Aux grandes distances, ces mêmes balles ne produisent pas de semblables effets; mais elles blessent encore bien plus gravement que celles dont on se servait jadis. Ainsi, tandis que les anciennes balles en plomb s'aplatissaient sur les os à 800 mètres, et de plus près encore, les balles à enveloppe de 5 millimètres, même à 3,500 mètres, traversent le crâne, c'est-à-dire font des blessures mortelles.

Quant aux vaisseaux sanguins, les blessures qu'y déterminent les nouvelles balles diffèrent notablement de celles produites par les anciennes; tandis que ces dernières blessures avaient le caractère de déchirures, celles des nouveaux projectiles semblent faites par un instrument tranchant; ce qui explique l'abondance de l'hémorrhagie, surtout dans la cavité thoracique et dans le tissu cellulaire sous-cutané.

Les petits vaisseaux sont, la plupart du temps, complètement coupés, les deux extrémités restant alors entièrement béantes. Dans les gros, de larges déchirures sont causées, non pas directement par la balle même, mais par l'action de fragment osseux dans le voisinage de la blessure produite par l'arme à feu.

En un mot, la balle cuirassée coupe les vaisseaux comme un couteau tranchant et ne permet plus aux lèvres de la blessure de se refermer; de là une hémorrhagie, interne ou externe, qu'on ne peut arrêter et qui amène la mort.

Quand les nouvelles balles atteignent le ventre, la vessie, le foie, la rate, elles entraînent une mort très douloureuse, et les blessures qu'elles font sont très rarement guérissables.

La plupart de celles déterminées dans les os par les balles à enveloppe sont extrêmement graves. Les coups tirés sont caractérisés par une large destruction de la substance osseuse et des parties molles environnantes. L'os brisé sur une grande étendue donne surtout de petits éclats qui, le plus souvent, sont entièrement séparés les uns des autres.

Si tel est l'effet des balles actuelles, quand le calibre est réduit à

5 millimètres, les blessures, comme le prouvent les expériences, deviennent encore bien plus sérieuses.

En outre, les balles à enveloppe, qui d'abord avaient fait naître les prévisions les plus optimistes, se sont montrées dangereuses pour cette autre raison qu'elles sont susceptibles de se déformer infiniment plus encore que les balles de plomb.

Quant aux blessures causées par les projectiles de l'artillerie, comme la plupart proviendront des balles et éclats de shrapnells et d'obus, elles ne différeront pas beaucoup de celles qui se produisaient dans les précédentes guerres.

Accumulations de cadavres.

Le médecin général bavarois Port appelle l'attention sur un autre danger qui peut menacer les blessés. Après la bataille de Woerth, il partit avec des infirmiers pour porter secours aux blessés et rencontra un grand nombre de turcos qui avaient besoin de soins. Alors, entrant sous bois, il y trouva des monceaux de cadavres disposés comme des sortes de murs en travers des chemins. Et il observa que les rangées de corps placés à la base de ces murs étaient régulièrement disposées, tandis qu'au-dessus d'elles les cadavres gisaient en désordre. Ces derniers étaient évidemment ceux de soldats qu'on avait couchés sur les murs en question après leur établissement. Port examina tous les corps avec soin pour chercher si par hasard ne se trouveraient point parmi eux des hommes donnant encore signe de vie. Mais tous étaient morts. « Et j'ai compris alors, remarque le médecin, que le poids même des corps placés par-dessus, comme aussi les coups de nouvelles balles avaient tué sans doute tel homme tout d'abord couché vivant. »

Port admet que ces amoncellements de corps, gisant immobiles, se renouvelleront dans la guerre future, par ce fait même que les tranchées-abris, creusées à la hâte, ne sont pas réunies à l'arrière par des communications abritées; de sorte que les hommes envoyés comme renforts aux tirailleurs devront parcourir un terrain entièrement découvert et, en se hâtant de se tapir dans les tranchées, pourront occasionner des blessures à ceux qui s'y trouvent couchés. Quand, dans ces tranchées, se seront accumulés beaucoup de tués ou supposés tels, il faudra les en retirer, mais il sera impossible de les rejeter en arrière pour ne pas gêner l'arrivée éventuelle des renforts. On sera donc obligé de les entasser en avant, c'est-à-dire du côté de l'ennemi, en se faisant avec eux une sorte de parapet. Pour ceux encore vivants, ajoute le docteur Port, cela vaudra peut-être mieux, car une nouvelle balle mettra promptement un terme à leurs souffrances, tandis que restés couchés dans la tranchée leur supplice durerait plus longtemps.

Ainsi l'introduction des fusils à longue portée, le perfectionnement des canons, l'énorme accroissement de l'effectif des armées et enfin les changements survenus dans la tactique, produiront des effets tellement désastreux que les limites d'exigences moralement admissibles de sacrifices sont déjà dépassées.

Non seulement, au congrès médical de Rome, il a été constaté d'après les recherches et expériences exécutées par ordre du ministère de la guerre prussien, que les désordres causés dans l'organisme par les balles actuelles dépassaient de beaucoup les limites moralement admissibles, mais, en outre, il sera bien plus difficile de secourir les blessés, que pendant les guerres d'autrefois.

On ne peut nier que ce côté de la question soit resté peu étudié jusqu'ici. Toute l'attention des spécialistes a été absorbée par la recherche des moyens techniques permettant de produire des effets aussi destructeurs que possible, et par l'augmentation de l'effectif des troupes.

C'est ce que signale, par exemple, le docteur Port, médecin principal de l'armée bavaroise, quand il accuse les stratèges allemands d'avoir, dans leur ardeur à perfectionner les moyens de destruction, négligé l'étude des moyens d'améliorer la façon dont les blessés seront secourus sur le champ de bataille.

Bien mieux ils refusent aux médecins les ressources nécessaires pour assurer ces secours dans des conditions convenables et avec la promptitude nécessaire, en prétendant que les opérations militaires en seraient entravées.

Un des plus remarquables chirurgiens de notre siècle, le professeur Billroth, a dit que, pour être pleinement en état de donner aux blessés les soins nécessaires, le personnel sanitaire devrait avoir un effectif égal à celui des combattants. Et ce n'est pas une exagération ; mais le résultat même de ce que, dans les conditions actuelles du combat, et avec la durée probable des batailles, il sera presque impossible d'assurer aux blessés des secours médicaux complètement opportuns et satisfaisants. L'opération même du relèvement des blessés devra s'effectuer sous le feu, et par conséquent sera extrêmement pénible. Il faudra que les infirmiers, avec leurs brancards, se glissent derrière des abris en se

baissant et en rampant comme les tirailleurs eux-mêmes. Car, autrement
ils peuvent être tués, eux et les blessés qu'ils portent. Puis le relève
ment de ceux-ci sera rendu plus difficile encore par l'obligation où l'o
se verra de les chercher derrière les abris où ils se seront tapis. Et le
lenteurs qui en résulteront peuvent, avec la longue durée qu'on prévoi
pour les batailles, entraîner une plus grande proportion de décès du
non seulement aux hémorragies, mais même causés simplement par l
faim.

Tâche imposée à la Conférence de la Paix. La Conférence de la Paix a pour tâche de provoquer un échang
d'opinions entre les puissances européennes en vue d'établir les prin
cipes tendant à limiter les armements progressifs.

Le programme provisoire des travaux qui a été publié prouve qu
ses auteurs poursuivent le triple but suivant : alléger, moyennant l
décisions de la Conférence, les lourdes charges que subissent les popu
lations du fait de l'augmentation continuelle des effectifs de combat
du perfectionnement incessant des armements; diminuer la possibili
des conflits entre les nations; rendre plus humaine la guerre dans
cas où elle ne pourrait être évitée. Mais nous sommes forcés de nou
demander si les belligérants pourront secourir leurs blessés aus
promptement et aussi soigneusement que l'exigent les sentiments ra
finés des peuples civilisés de notre époque. Tandis qu'on admire
moins en moins les lauriers ensanglantés des champs de bataille, qu'
doute de plus en plus de leur légitimité, la conscience de la socié
moderne réclame impérieusement qu'on entoure de plus grands soi
ceux dont les gémissements se mêlent aux bruits sinistres du comb

Le sentiment du devoir envers les soldats blessés à la guerre gerr
déjà actuellement dans la conscience des peuples civilisés, et des espr
élevés sont, pour ainsi dire, les champions et les éducateurs de ce se
timent humain.

Nous rappelons ici que le professeur Billroth a réclamé carrémé
qu'on envoyât autant de millions de porteurs sur le champ de batai
qu'il y aura de millions de combattants.

Impossibilité d'organiser un service sanitaire suffisant. Il est évident que le service sanitaire le mieux organisé ne pourr
remplir, même dans une faible mesure, cette exigence si sévère.
docteur Port éprouve le besoin de soulager sa conscience; il démont

avec une sincérité absolue, que l'organisation du service sanitaire à la guerre est défectueuse au plus haut degré, que très souvent les infirmiers arrivent trop tard pour secourir les blessés, et il nous dépeint en termes éloquents le sort cruel réservé aux soldats en récompense de leur courage et de leur dévouement. Le professeur Berdeleben examine le cas contraire: il cherche à savoir ce qui adviendrait dans le cas où le service de santé, disposant d'un personnel suffisamment nombreux, serait réellement à la hauteur de sa tâche en remplissant son devoir pendant le combat, et il aboutit à la conclusion que, dans ce cas, on ne pourrait s'entre-égorger sur le champ de bataille comme on l'a fait jusqu'à présent et comme on le fera certainement dans l'avenir, à moins qu'on se décidât à massacrer les armées d'infirmiers.

Quels immenses aperçus nous ouvre ce tableau! Est-il possible que des considérations de ce genre n'oppressent pas l'âme d'un homme civilisé et ne l'étreignent comme un cauchemar?

Nous partageons la certitude terrible émise par des sommités militaires et des écrivains qui prétendent que les batailles décisives de l'avenir, où des nations armées composées de millions d'hommes se trouveront en présence l'une de l'autre, dureront des jours entiers sans interruption, car, étant donnée la précision des armes modernes, on cherchera surtout à s'approcher à la faveur des ténèbres.

Le service sanitaire le mieux organisé ne pourra, dans ces conditions, secourir rapidement les blessés sur les immenses espaces couverts par les projectiles de nos fusils de petit calibre et de nos canons perfectionnés; on ne pourra transporter ces milliers de victimes hors de la ligne du combat et les soustraire au supplice d'une lente agonie. Ce que nous affirmons n'est pas dit dans l'intention de plaider la cause des partisans de la paix, c'est une conviction que professent des autorités militaires de premier ordre, et qui s'impose quand on apprécie les événements de l'avenir en les déduisant de l'expérience fournie par le passé.

Ceci doit servir d'avertissement à ceux qui, dans leur légèreté coupable, admettent qu'on pourra, dans la guerre future, résoudre la tâche concernant les secours aux blessés, sinon avec les moyens employés du temps des lansquenets et des mercenaires, du moins avec ceux, beaucoup plus perfectionnés, dont on disposait pendant les guerres de 1870 et de 1876.

Or, il n'existe point d'officier, ni de médecin, ni d'homme de cœur, ni en général d'esprit sensé qui soutienne qu'on ait le droit de gaspiller en masse les meilleures forces d'une nation; ce qui prouve que la question

de savoir comment il faudra procéder à l'avenir pour secourir prom[
tement les blessés sur le champ de bataille est une des plus urgent[
et qu'il faut la placer en première ligne parmi les questions concernai
la guerre et destinées à être discutées.

La Conférence ne poussera pas sa complaisance envers les homm[
de guerre jusqu'à ordonner des mesures fictives pour l'améliorati[
du service sanitaire; elle prendra en considération la circonstance tr[
grave que les combats futurs dureront des journées entières.

**La revision
radicale
de la
Convention
de Genève
s'impose.**

Le meilleur moyen de procéder serait de constituer une commi[
sion internationale et d'y faire participer un certain nombre de méd[
cins. Cette commission, qui serait un des organes de la Conférence,
vouerait exclusivement à l'étude et à la résolution de notre problèm[

Une pareille commission conclurait certainement à la nécessité
reviser radicalement la Convention de Genève et de la conformer a[
conditions qui régissent actuellement la guerre.

Il est évident que cette Convention, conclue il y a 35 ans,
répond plus aux exigences modernes, surtout en ce qui concerne[
sort des blessés dans une bataille ouverte; elle est en effet surannée[
plus haut degré, tant au point de vue des principes qui lui servent[
base que de ses articles considérés séparément. Depuis 1868, c'est[
dire depuis l'année où la Convention de Genève fut complétée par [
série d'articles additionnels, la science de la stratégie et de la tacti[
et le génie infatigable des inventeurs ont apporté une foule de perf[
tionnements dans les armements, de sorte que la Convention sus[
ne répond pas plus aux besoins de notre temps que telle autre conv[
tion imaginaire qui aurait été stipulée du temps des archers parthe[
qui se serait trouvée en vigueur à l'époque qui suivit l'invention[
la poudre. Et combien faible est l'analogie entre les propriétés[
cette substance primitive, composée de salpêtre, de charbon e[
soufre, dont on se servit pendant 500 ans, et les qualités de la po[
sans fumée qu'on emploie de nos jours! Combien immense est la d[
rence entre la portée, la force de percussion et le pouvoir d'explo[
de nos nouveaux canons, de nos fusils, de nos balles à enveloppe,[
bombes à mélinite, des shrapnells modernes et les effets des fusils,[
canons, de toutes les armes à feu dont on disposait en 1870 et 1[

Ces différences nous apparaissent encore plus clairement si [
prenons en considération la somme des changements accompli[

nous songeons aux principes modernes de l'offensive et de la défensive, aux procédés de l'attaque et de la défense disposée derrière des abris qu'on érige instantanément et qu'on peut renforcer au moyen de filets métalliques, si l'on tient compte de tous ces moyens qui augmentent dans une si grande mesure la force de résistance des deux adversaires, tout en éloignant le moment décisif et en augmentant de ce fait, dans des proportions énormes, le nombre des blessés et des victimes de la faim.

Tout cela est mieux connu dans les milieux militaires que dans le public civil et l'on pourrait croire que tout représentant de la force armée soit naturellement porté à nous prêter son concours pour résoudre conformément aux exigences modernes le problème que nous posons.

Mais l'expérience fournie par l'histoire du développement de l'humanité nous prouve surabondamment que toute idée de réforme dans le domaine théorique ou pratique de la vie sociale y est reçue avec enthousiasme par les uns, tandis que les autres intéressés lui opposent une résistance à outrance. Cette résistance s'explique par l'amour qu'on porte à ce qui existe de longue date, par l'habitude dont on se départit difficilement, par la crainte du dérangement que causent les innovations et par la puissance de la routine.

Ainsi se comprend le désir qu'on manifeste dans certains milieux militaires de soustraire à la discussion ou de rejeter un certain nombre des questions comprises dans le programme de la Conférence ; beaucoup voudraient même, se basant sur des dogmes historico-philosophiques, repousser jusqu'à l'idée de la paix. Il n'est pas rare de rencontrer des officiers convaincus qu'ils dérogeraient à leur devoir et désavoueraient leur dignité de soldats en se déclarant amis de la paix plutôt que de faire valoir la puissance de leur sabre. C'est là une conception fausse, bien que compréhensible, que tous les réformateurs des sciences militaires devraient s'appliquer à combattre et contre laquelle il faudrait mobiliser l'opinion de tous les hommes instruits, afin de la vaincre pacifiquement. Puisse la Conférence compter parmi ses membres un avocat dont l'irrésistible éloquence fasse contraster avec le tableau que présentent les brillants officiers et les soldats victorieux, la tragédie qu'offre l'armée gémissante de ceux qui agonisent sur les champs de bataille, en proie à la faim, à la soif, de ceux dont le sang s'écoule par les blessures béantes sans que personne leur vienne en aide.

Il est très vraisemblable que les défenseurs de ce qu'ils considèrent comme une nécessité sanglante, inéluctable, livreront, au cours de la Conférence, un combat acharné à ceux qui estiment que les moyens de destruction existant déjà et ceux dont on annonce l'apparition prochaine dépassent les limites du possible. Espérons que ces derniers constitueront la grande majorité.

Celui qui réfléchira à toutes les souffrances auxquelles seront exposées les victimes de la guerre ne traitera certainement pas, avec les chauvins, les aspirations pacifiques des nations de *félicité bourgeoise*. L'éminent chirurgien russe Pirogoff, après avoir visité les champs de bataille de 1870, avait mille fois raison quand il s'écriait : « Le chauvinisme qui provoque les nations à la discorde et aux massacres est digne de leurs malédictions, et l'humanité tout entière *doit bénir les rois qui ne veulent pas de gloire sanglante*

Paris. — Imp. Paul Dupont (Cl) 532.5.99.